Naiem Ahmadinejadfarsangi

Mon père était un combattant

Naiem Ahmadinejadfarsangi

Mon père était un combattant

پدر من یک رزمنده بود

Éditions Muse

Imprint
Any brand names and product names mentioned in this book are subject to trademark, brand or patent protection and are trademarks or registered trademarks of their respective holders. The use of brand names, product names, common names, trade names, product descriptions etc. even without a particular marking in this work is in no way to be construed to mean that such names may be regarded as unrestricted in respect of trademark and brand protection legislation and could thus be used by anyone.

Cover image: www.ingimage.com

Publisher:
Éditions Muse
is a trademark of
Dodo Books Indian Ocean Ltd., member of the OmniScriptum S.R.L Publishing group
str. A.Russo 15, of. 61, Chisinau-2068, Republic of Moldova Europe
Printed at: see last page
ISBN: 978-620-2-29956-5

Mon père était un combattant

پدر من یک رزمنده بود

تالیف : نعیم احمدی نژاد فرسنگی

Un matin d'automne, mon père m'a réveillé alors que le froid extérieur soufflait dans notre maison. Il portait un uniforme militaire, mais c'était plus simple que tout autre uniforme militaire de tous les temps; Son armure est un cœur plein de foi et son bouclier est l'amour d'un dieu dont le murmure est entendu du plus profond de son cœur. Le parfum du chafeeh de mon père me rappelait le saint tombeau de Karbala; Le même tourment qui ramène l'odeur du paradis à la maison en ouvrant le tapis du père. Nous nous sommes regardés tous les deux en silence pendant un long moment; C'était comme si chacun de nous cherchait un morceau de soi perdu dans l'autre. Quand mon père est allé dans un coin de paradis, bien que je sois resté seul et que mon père me manquait, il a dû aller pratiquer la religion qu'il ressentait autour de son cou. La clarté des yeux de mon père m'a amené à moi-même. Le père se leva et la mère, dont les blancs étaient devenus rouges d'amour, ne dit adieu au père qu'avec un sourire amer. Le père passa sous le Coran et la mère cacha ce qui s'infiltrait dans ses joues comme une inondation avec le coin de sa tente de prière, mais elle ne dit rien. Les larmes étaient la seule raison pour laquelle la mère l'aimait. Mon père m'a serré dans ses bras et j'ai été choqué, seule la chaleur du souffle de mon père m'a calmé. Père est entré dans la ruelle. Le bruissement des feuilles sous les bottes de Père et l'aspersion d'eau ont peut-être été le cadre idéal pour une rupture. Alors que le père disparaissait de notre vue, nous avons expulsé la dernière noirceur du père qui pouvait être vue de loin. Quand je ferme la porte; Ma mère a posé sa main sur ma tête et m'a pointé vers le ciel. Oui, les oiseaux, comme leur père, voyageaient vers un lieu de confort. Mais les oiseaux revenaient et mon père ... je tremblais et cela ne se cachait pas à ma mère m'a emmené dans la pièce. Ce jour-là passait et je regardais la porte de la cour derrière la fenêtre de la chambre pendant des jours pour entendre parler de mon père. Mon père écrivait des lettres de temps en temps mais n'écrivait pas quand il reviendrait, ce qui me rendait encore plus difficile d'attendre. Le jour où je me suis retrouvé assis près de la fenêtre à regarder les pissenlits danser, la sonnette a sonné. J'ai couru vers la porte, j'ai ouvert la porte et j'ai vu mon père se tenir dans l'embrasure de la porte, me souriant. Je ne pouvais pas croire que six mois se soient écoulés depuis le départ de mon père. Mais à quelle heure. Ignorant les environs, je me suis jeté dans les bras de mon père et j'ai pleuré, et ma mère s'est précipitée vers la porte, et c'est alors seulement qu'elle a pu dire bonjour à mon père. Avec l'arrivée de notre père, il a reçu la pureté du passé. Mais le père est retourné au front, mais il semblait être chez lui dans ces moments-là, et nous n'avons ressenti le secret de la solitude que dans le silence.

Qui a sonné de la trompette?

Pourquoi personne n'a-t-il empêché les flammes de feu et de fumée de s'enflammer? Pourquoi la colombe de la paix s'est-elle assise sur le dôme de la grande mosquée de Khorramshahr après les ablutions des guerriers islamiques à Karun? Qui est responsable de l'effusion de sang de milliers de seins rouges? Qui Pourquoi ... Ces questions et des centaines d'autres de ce genre sont les questions de ceux qui regardent en détail la défense sacrée sous l'angle de la fenêtre de terre et interprètent les victoires et les défaites en tenant le boulier de la raison cartésienne; Ceux dont les limites de la conscience se limitent à délimiter les frontières et à centrer les cartes et le calcul; Ceux qui analysent le sens de nos huit années de sainte défense et pensent que le cas de Khomeiny et de ses alliés était l'histoire d'une bataille sur l'eau et le sol, et cela suffit, avec l'échouement des ailes des combattants et l'agitation de drapeaux sur les points de contrôle. L'histoire de Khomeiny et de ses alliés est simple, simplement l'histoire que les mères racontaient à leurs enfants dans leur berceau le 15 Khordad. Le monde devait tirer son épée de son fourreau, et l'Imam et ses compagnons n'avaient d'autre choix que d'embrasser le tranchant du rasoir nu; Parce que l'Imam avait dit «non» au monde entier; Dans un monde où les pharaons modernes prétendaient être des dieux; Un monde dont les Hamans avaient construit de hautes tours de polythéisme; Dans un monde où ses Nimrods pointaient fièrement les hauteurs des tours du monothéisme faites par lui-même, l'Imam et ses compagnons avaient dit «non» à tous. Aux Qaruns, dont les trésors pesaient lourdement sur les pieds des nus et opprimés du monde, l'Imam avait dit «non» aux Samaritains, qui ornaient chaque jour une nouvelle idole en créant une école. L'Imam et ses compagnons avaient dit «non» à tout le monde, même aux clercs de la cour, aux propagandistes de l'islam répressif, aux propagandistes de l'islam américain, à ceux qui croyaient que l'Imam al-Zaman (as) vivait sur l'île de Khazra, et ne jamais insulter le Coran et l'Islam n'appartient pas à ceux qui ont confisqué l'Islam dans la mosquée et le sanctuaire, ou plutôt là-bas. L'Imam et ses compagnons leur ont non seulement dit «non», mais ont aussi prononcé un mot, adressé au monde entier les paroles des divins prophètes, appelé tout le monde au monothéisme et à la «justice», et ce «non» était un accident. Devant. Imam et ses compagnons avaient passé le passage interdit du «monde» et des «chercheurs du monde» et auraient dû être condamnés à une amende, même s'ils revenaient?! Pour que personne n'ose briser le "tabou". «Appelez l'Amérique, le grand Satan», «Appelez l'Amérique pire que l'Union soviétique et la Grande-Bretagne pire que les deux», «Introduisez Israël au cancer», «Désespérez les capitalistes», «Rendez les fossiles stupides», «Si le monde passe Abel, Yahya (AS) passait, si le monde passait par Hussein (AS) et ses alliés, il aurait dû passer par Khomeiny et ses alliés. Le monde qui est allé à tous les prophètes et saints, le monde qui est allé à Hussein (AS) et ses compagnons, cette fois est venu au fils de Khomeiny et ses compagnons. Tout le monde est venu, tout comme Karbala, même ceux qui ne savaient pas qui était dans la tente de Khomeiny. Tous les tambours ont été sonnés, tout comme Karbala, de sorte que personne ne puisse entendre la voix de Khomeiny et de ses alliés. Et tout le monde a jeté tout ce qu'ils avaient sur Khomeiny et ses compagnons, tout comme Achoura, tout comme le jour où l'un d'eux fermait l'eau sur les tentes, l'un remplissait ses genoux de pierres, un ... Quiconque, où qu'il soit, est venu à Khomeiny et ses alliés avec tout ce qu'il avait. La distance entre la maison et le devant, l'un mordait avec sa langue et l'autre mordait avec son stylo, et alors que les compagnons de Khomeiny s'essuyaient le front avec des manches en sueur sur le devant nu et regardaient le ciel, il y avait tout le monde dans le ciel. , L'Américain Awax, le French Mirage, la superstar britannique Meg Rossi pour avoir dit "non". Accompli sur la base de la miséricorde et de l'économie, l'enfant de quelques-uns sauf le croyant et dans le souci de la vérité est compris, il a été tué par meurtre et son fils a été tué et son économie a été coupée. Ils ont attaché la foule à des poteaux et les chars se sont alignés près de leur front. Ils ont mis un groupe d'entre eux menottés pour dormir dans les trous et leur ont attaché le sol vivant. Ils ont enterré le groupe vivant jusqu'au cou dans le sol, juste à côté des nids de fourmis et de gros termites. Certaines personnes ont lavé leur corps avec des produits chimiques pour entendre le son des cloques éclater sur leurs yeux. Et...

Ils ont tué tout le monde, ensemble dans leurs bras, pour avoir dit «non» au monde, pour avoir dit du bout des lèvres à Hussein Zaman, pour avoir fait des ablutions, pour avoir prié, pour avoir dit Takbir. Les chevaux ont été rafraîchis et les os des alliés de Khomeiny peuvent encore être écrasés sous le sable des chars. La confrontation était inévitable, tout comme les cent vingt-quatre mille prophètes (PSL) et les imams infaillibles (AS) étaient le point de départ des Taghout de leur temps, le point de confrontation entre Abel et Caïn, le point de confrontation des culte monothéiste contre culte polythéiste. Cette confrontation aurait dû être répétée, une confrontation du genre de Karbala juste avant la confrontation finale de Mahdi Al-Muhammad (psl) avec Sufyani devrait être séparée de Nasareh et les vrais compagnons d'Al-Mahdi (psl) devraient être séparés du les demandeurs qui recherchent le pardon et les mensonges. Que personne ne se vante. Quelqu'un doit venir du cœur de l'histoire, quelqu'un s'il y avait 73 martyrs de Karbala aujourd'hui, quelqu'un qui était destiné à naître aujourd'hui, juste au moment où les pharaons et les Hamans et les Qaruns et les nouveaux Samaritains réclamaient Dieu, tel un destin Il y avait quelqu'un dont l'essence de ne craindre autre que Dieu ondulait dans ses veines, et lui seul pouvait conduire les gens au sommet de ne pas avoir peur de la mort, venu du cœur de l'histoire; Une personne qui avait atteint la limite de la certitude en choisissant de se précipiter à la rencontre de son dieu avec un cœur calme et un cœur confiant en disant au revoir au monde de la terre, et est si consciente de la position de ses martyrs et Basijis qu'il demande à son Dieu de le rassembler avec eux. Quelqu'un devait venir et une guerre aurait lieu, pour prouver à tout le monde, l'Achoura n'est pas seulement l'Achoura du deuil, c'est aussi l'Achoura de l'épopée et du message. Quelqu'un aurait dû venir de Karbala et crier. Karbala n'était pas un mythe, et les Ashuras n'étaient pas des mythes, et l'Achoura est présente à tous les âges. Shirzani aurait dû dire à sa femme: Lève-toi, Khomeiny est seul. La mère a dû attacher son jeune visage et suivre son enfant pour la dernière fois, en regardant dans la ruelle. Son père a dû aller dans la tombe et après avoir embrassé son jeune visage, il a levé les mains vers le ciel et a crié: Dieu accepte cette victime. L'adolescence doit être considérée comme plus douce que le miel. Un jeune homme assoiffé devait franchir la ligne de tir, remplir les flacons de ses compagnons d'eau et boire de l'eau sans retourner à l'eau. Achoura devait être répété. Abbas (AS), Akbar (AS), Qasim (AS), Zainab (AS), Umm Wahb, Habib Ibn Mazahir, etc. ont été répétés pour vous prouver à vous et à moi que Karbala n'était pas un mythe et pouvait être reproduit.? Qui a sonné de la trompette? Pourquoi...? Cette question et des centaines de questions de ce genre sont l'histoire de ceux qui cherchent une réponse du type de sol qui ne correspond qu'à la forme des frontières terrestres et de la sagesse terrestre, et non la question de Khomeiny "compris" qui a bien compris Khomeiny et leur story est l'histoire de ceux avec l'intellect optique et le doigt lumineux de Khomeiny, ils ont découvert des échelles invisibles entre la terre et le ciel sur les fronts et ont tracé le chemin de l'ascension à la fin des temps pour l'avenir. La guerre est définie dans les dictionnaires publics comme «une confrontation militaire entre des groupes et des groupes ethniques». Ensuite, nous avons énuméré les types pour lesquels nous les avons entendus ou vus plus ou moins tous; Par exemple: mondial, physique, psychologique, économique, militaire, orfèvre, domestique, Heydari_Nemati, atomique, chimique, érosif, domestique, sectaire et des dizaines d'autres types, tous ou la plupart d'entre eux sont faux et donc le chemin du mythe. : La guerre des soixante-douze nations, excusez tout le monde Parce qu'ils n'ont pas vu la vérité, ils ont suivi le mythe Mais ces mythes ont jusqu'à présent reçu une énorme et merveilleuse compensation de la part du monde humain. Il ne sera peut-être jamais possible de calculer ou même d'imaginer les dommages financiers, humains, spirituels, émotionnels et environnementaux illimités des guerres militaires des pays. Ce coût élevé rend la folie de l'homme plus apparente quand on sait que beaucoup d'entre eux ont facilement échappé et, avec un peu de sagesse et d'altruisme et l'abandon des extravagances charnelles, ont cédé la place à la paix et à la tranquillité; Parfois, cependant, il n'y a eu aucun moyen de montrer le joug de la guerre.

Aucun groupe ethnique ne peut être trouvé qui considère la guerre comme supérieure à la paix et à la santé ou la sanctifie. Le vêtement de sainteté est digne d'une guerre qui a un caractère défensif ou divin, et ne doit être loué ou chéri que dans ce genre. L'événement humain le plus courant de la guerre est la chirurgie du corps humain, qui est déraisonnablement interdite, sauf après avoir subi des traitements plus faciles et plus simples. C'est dans les vieux proverbes que «la fin de la prière d'al-kawa». Autrement dit, le dernier traitement est la chirurgie. Selon Hafez Shirazi: Si tu n'écris pas dans le son du rossignol et de la lune Guérissez-moi; La fin de la prière d'Al-Dawa Nous pouvons citer des centaines de guerres et de conflits humains sanglants, qui ont tous recherché les causes et les facteurs les plus stupides. Mais il y a aussi des guerres dont on peut compter et se souvenir desquelles il n'y avait pas d'échappatoire, et pour cette raison, il semble que le vêtement de la sainteté se soit répandu sur leurs corps ensanglantés. Toute guerre, conflit ou conflit sous la bannière de la défense est sacré et ne doit jamais être nommé parmi les guerres dont le quartier général a été sous les tentes du mensonge, de la tromperie et de l'extravagance.

Il existe mille et une longues façons de croire davantage au caractère sacré des huit années de défense du peuple opprimé et musulman de l'Iran islamique. Beaucoup de ces chemins ont été empruntés par d'autres, et bien sûr certains sont inachevés et certains sont encore vierges. L'une de ces voies, qui n'est pas allée assez loin, consiste à comparer la guerre imposée aux grandes guerres historiques du monde. Dans l'ID de guerre, les dates de début et de fin, les pertes, la portée, les étapes, les tactiques et autres sont écrits. Mais ils accordent moins d'attention aux motifs ridicules et aux raisons insensées de les lancer. Si nous regardons l'ensemble des conflits militaires des nations avec ce point de vue, nous verrons à quel point nous sommes opprimés et méritent la défense de huit ans du peuple iranien contre les armées oppressives du monde. Dans un espace plus large, plus devrait être dit et écrit; Mais nous saisissons cette petite opportunité et mentionnons les noms et les motifs de certaines des guerres les plus importantes des nations du monde, afin que l'honneur de Fakkeh, Shalamcheh et Chezabeh puisse être révélé de plus en plus et que leur hégémonie glorieuse puisse atteindre le les points les plus éloignés de l'histoire. Guerre de 72 nations Ce qui suit n'est ni une histoire ni même une liste incomplète du bilan sanglant de l'homme dans des guerres infructueuses. C'est un tas de querelles et d'attaques qui n'avaient ni origine digne ni fin heureuse. Ces quelques exemples révèlent la nature prédatrice de personnes pour qui la guerre et le meurtre ont été un moyen d'avoir ce qu'ils n'avaient pas et de trouver ce qu'ils ne méritaient pas: Guerre de Trente Ans (1618-48) Cette longue guerre a eu lieu entre les pays européens et était principalement due à des différends familiaux entre plusieurs familles royales. Guerre de transition (1667): guerre de Louis France pour capturer les Pays-Bas et l'Espagne; La guerre de sept ans (1756-63): les parties concernées étaient la France, l'Autriche, la Russie et la Suède. Deux ans après le début de la guerre, la Grande-Bretagne et l'Espagne sont également apparues au premier plan. Les rivalités coloniales sont la raison la plus importante du début et de la poursuite de cette guerre de sept ans. Guerre de l'opium (1839-42): entre la Grande-Bretagne et la Chine sur les restrictions commerciales; Guerre civile américaine (1861-1865): Cette guerre de quatre ans est également connue sous le nom de «séparation», de «guerre des États» et de «guerre de rébellion». La raison la plus importante est la question de l'esclavage et des droits politiques des États (?). On estime que 750 000 à 1 million de morts sont le résultat de ce conflit interne. La guerre de Cent Ans (1337-1453): Le titre des longues et consécutives guerres françaises et britanniques sur les terres autour de la Manche et les conflits royaux. Première guerre mondiale (1914-18): entre gouvernements européens, avec dix millions de morts et vingt millions de blessés. Les premières causes de cette guerre dévastatrice ont été la question des limites du pouvoir politique et du domaine des gouvernements. Avec la participation du Japon à cette grande guerre, ses dimensions sont devenues plus globales et beaucoup plus terribles. Seconde Guerre mondiale (1939-45): Chacun des deux axes de guerre comprenait plusieurs pays européens et asiatiques. Le front allié était composé de la Grande-Bretagne, de la France, de la Chine et de leurs alliés. L'Allemagne, l'Italie et le Japon étaient également sur le front allié. L'ingérence militaire et politique dans les affaires intérieures de chacun et la démarcation des colonies étaient les principales raisons de la Seconde Guerre mondiale. En raison de l'avancement du matériel militaire dans cette guerre à grande échelle et de l'utilisation généralisée des armes de destruction massive, ses pertes financières et humaines sont hors de question. Ces huit pièces historiques sont des exemples des centaines de guerres menées par les dirigeants du monde au cours des derniers siècles, et les peuples du monde ne sont toujours pas à l'abri de leurs dommages. Si nous remontons quelques siècles en arrière, nous voyons d'autres exemples plus terribles, dont les croisades. Ce conflit historique entre les États chrétiens et les pays islamiques a duré près d'un siècle, et la dynastie était dirigée par des évêques qui aspiraient au développement des terres et à l'expansion de leur autorité. Lorsque nous tournons notre regard de ces atrocités civilisées vers les huit années de sainte défense du peuple opprimé et musulman d'Iran, nous réalisons de plus en plus l'originalité et la nécessité de cette glorieuse présence rouge. Les jeunes et les grandes personnes qui avaient béni les fronts islamiques de leur présence ne voulaient pas de l'or, ni ne cultivaient un rêve de prospérité dans leur cœur. Ils n'ont même pas pensé à la victoire et au résultat. La bataille des héros de l'Iran islamique ne peut être comparée à aucune autre bataille; Sauf ce qui s'est passé au début de l'islam et dans de courts fragments de l'histoire des pays musulmans. Repensez aux causes et aux origines des guerres d'autres nations, puis tournez votre visage vers les fronts des huit années de sainte défense, pour découvrir pourquoi et comment cette défense oppressive a embelli l'emblème «sacré».

Jeune croyant révolutionnaire Il y a un énorme mouvement populaire parmi ces jeunes; Les mêmes jeunes qui n'ont vu ni la guerre, ni la période de sainte défense, ni l'agitation de ces jours, ni l'Imam, ni la révolution; Ils sont tellement fascinés par la révolution qu'on est vraiment étonné. J'ai dit maintes fois qu'aujourd'hui nos jeunes ne sont pas en retard dans leur tendance aux concepts révolutionnaires, en termes de quantité et de qualité, s'ils ne sont pas plus et meilleurs que la période de la Sainte Défense et des années 60. Ne pensez pas que ce jour-là, tous les jeunes sont allés au front; Non, pendant la guerre, certaines personnes sont allées au front et ont lutté et se sont exposées à toutes sortes de problèmes. Autrement dit, de nombreux jeunes étaient comme ça. Tous nos martyrs pendant les huit années de la guerre imposée sont environ, disons, 300 000 ou 300 000. Eh bien, il y avait quarante millions de personnes en Iran à cette époque; Dans une population de quarante millions, supposons que deux millions, trois millions, quatre millions soient allés au front, et environ trois cent mille personnes ont été martyrisées. Ce n’était pas grand-chose pour les quarante millions d’Iran; Autrement dit, à cette époque, il n’était pas vrai que tous les jeunes étaient des révolutionnaires. Si vous regardez aujourd'hui, [le nombre de] jeunes qui ont une tendance révolutionnaire a une compréhension révolutionnaire, je pense que c'est soit plus que ce jour-là, soit au moins autant que ce jour-là par rapport au nombre total de jeunes. C'est malgré l'ennemi. Eh bien, cela devait être prouvé d'une manière ou d'une autre; Votre martyr l'a prouvé, l'a montré; Autrement dit, Dieu Tout-Puissant a élevé ce jeune homme, l'a aimé, l'a symbolisé, pour montrer que la jeune génération d'aujourd'hui est comme ça. Ce [jeune homme] n'avait pas vu l'Imam, il n'avait pas vu la période de la guerre, il n'avait pas vu la période de la révolution, [mais] il suit sincèrement le djihad de Faisallah, il essaie, il supplie , il demande à Dieu, il veut, il demande à l'imam Reza, il demande à ses parents de le permettre et de l'aider. Ceci est le verset divin, ceci est le verset de Dieu, cela montre ce miracle de la révolution, et grâce à Dieu, ce miracle est en cours. Déclarations lors de la visite de la famille du martyr Mohsen Hajji .

Manifestations du mouvement Ashura dans la sainte défense Le soulèvement le plus élevé et le plus dévastateur a eu lieu à Muharram 61 AH avec le "Hosseini Holy Ashura Movement" et la plus grande et la plus précieuse guerre des derniers siècles avec le "Khomeini Holy Defence Movement" a eu lieu entre 1980 et 1988, ce qui est peu probable. Dans l'histoire de 1400 ans, depuis le début de l'islam jusqu'à aujourd'hui, pas de révolution et de mouvement comme la révolution islamique et surtout les scènes de la sainte défense de huit ans, de nombreuses similitudes ne peuvent être trouvées avec le mouvement Achoura. Des centaines de signes relient la sainte défense au mouvement Ashura, et les effets de Karbala peuvent être vus dans ses différentes scènes. Il existe de nombreux points communs dans les objectifs, les stratégies, les méthodes, la culture, les messages, les ennemis, etc. Le guide suprême de la révolution islamique, l'ayatollah Khamenei, lors d'une réunion avec les responsables du Bureau des arts et de la littérature de la résistance - le 25/04/1370 - a déclaré: C'est inspirant. Cet incident ne consiste pas seulement à le lire et à le dire et que les gens l'aiment ou sont émotionnellement affectés; Non, c'est la source des bénédictions et du mouvement. Cela a été ressenti dans la révolution et la guerre et dans le passé de notre histoire. Dans l'histoire du chiisme, mais aussi dans l'histoire des révolutions anti-oppression en Islam - même par des non-chiites - l'incident de Karbala a été brillant et visiblement efficace; Cela peut également avoir été efficace dans des environnements non islamiques. Dans notre propre histoire - c'est-à-dire au cours de ces mille trois cent quatre cents ans - la même demi-journée de l'accident a été affectée. Donc, ce n'est pas étrange et improbable. Si nous ne voulons pas comparer nos huit années de guerre avec ces huit, neuf heures de l'Imam Hussein Ashura, ou le considérer beaucoup plus brillant - ce qu'il est vraiment; Autrement dit, je ne connais aucun événement dans l'histoire comparable au sacrifice d'une demi-journée; "Tout est plus petit que ça - mais en fin de compte c'est un design, ou ce n'est pas le cas." Aspects communs des deux mouvements Voici quelques caractéristiques communes des deux "Hosseini Holy Ashura Movement" et "Khomeiny's Holy Defence Movement": - À Karbala, l'Imam et ses compagnons ont été assiégés, et dans la sainte défense, il y a eu des sièges et des sanctions de diverses dimensions. - Les dirigeants des deux mouvements étaient la lignée du Prophète de l'Islam (PSL) et le héraut de l'Islam pur, et ils ont cherché à faire revivre sa vie théorique et pratique. Bien sûr, avec la différence entre l'innocence de l'Imam Hussein (AS) et aussi être inspiré par l'Imam Khomeini (AS) de la vie théorique et pratique de l'Imam Hussein (AS) - Dans les deux mouvements, la lutte entre le bon et le mauvais front s'est manifestée. - Il y a eu alignement du but, de la manière et de la méthode dans les deux mouvements. Le but des deux mouvements était de défendre le caractère sacré des valeurs et de préserver l'Islam pur et la proximité de Dieu, et de résister et de tenir tête à l'ennemi jusqu'au bout. Les paroles de l'Imam Hussein (AS): "En effet, je me suis levé pour chercher la réforme de ma nation ancestrale." Et les paroles de l'Imam Khomeiny: "Vous - les guerriers - vous battez pour préserver l'Islam" (Sahifa Noor, vol. 13 et 15, p. 197 et 53) - Front droit (Ashura et Holy Defense): Les deux mouvements étaient la manifestation de la pureté et de la bonté. Ils ont agi de manière morale et humaine. - Front ennemi (Yézidis et Saddamistes): Dans les deux mouvements, à la fin, c'était la méchanceté, la bassesse, la mondanité et les objectifs mondains et pervers. - Pas de peur de l'ennemi: pas de peur dans le mouvement de Karbala, malgré le siège complet des troupes ennemies et pas de peur dans la sainte défense, malgré le feu nourri de l'artillerie ennemie. - L'état de manie jour et nuit d'Achoura (prières mystiques, prières d'amour, moral et préparation à la rencontre avec Dieu) qui était également présent dans les opérations nocturnes des fronts. Le renouveau et la manifestation de l'élixir des croyances islamiques et la manifestation de l'aboutissement des aspects du sacrifice de soi pour l'Islam ont eu lieu dans les deux mouvements. - La passion du martyre: Nous avons été témoins de l'expression de la mort plus douce que le miel dans le mouvement Achoura, et des écrits du martyre qui aime le martyre sur les vêtements et les volontés dans la sainte défense. - Les deux mouvements, les ennemis (Yézidis et Saddamiens) ont déshonoré leur oppression et le masque est tombé du visage de l'hypocrisie et de l'hypocrisie des ennemis et a subi un mauvais sort. - Les guerriers du mouvement de l'Imam Khomeiny, comme les martyrs de Karbala, étaient le centre de la connaissance et de la perspicacité religieuses et plein d'enthousiasme pour le sacrifice et le martyre. - Dans les deux mouvements, il y avait des groupes sunnites au front et ils ont été martyrisés. - La similitude des scènes de Karbala (la manière d'aller sur le terrain, la défense jusqu'au dernier moment, la soif, les méthodes de martyre comme la séparation des mains et des têtes, la captivité et ses épreuves, etc.) s'est également produite sur les fronts de la sainte défense. - Les deux sont sacrés et dignes d'honorer, de promouvoir et de promouvoir sa culture. Et..... L'imam Khomeiny (que la paix soit sur lui) a dit: "Sans les martyrs, ce mouvement (Révolution islamique) n'aurait pas progressé, les martyrs sont partout." Toute la terre de Karbala "est partout pour les martyrs, tous les chaires sont pour les martyrs, tous les autels sont de Il est le martyr ... L'imam Hussein a sauvé l'Islam, devrions-nous garder le silence pour une personne qui a sauvé l'Islam et a été tuée? Nous devons pleurer tous les jours, nous devons aller à la chaire tous les jours pour préserver cette école, pour préserver ces mouvements; Ces mouvements sont dus à l'imam Hussein (as). (Déclaration du 19/04/1358) * Les leçons que les guerriers avaient apprises à l'école d'Achoura ont fait que les fronts des huit années de sainte défense deviennent la manifestation de la morale, des vertus et des valeurs divines, et révèlent les leçons les plus constructives et les plus glorieuses; Mais malheureusement, dans la période d'après-guerre, les fonctionnaires de l'époque l'ont mis de côté et avec le slogan de la construction et de la promotion du bien-être, la culture de la défense sacrée n'a pas pu se poursuivre et se répandre dans divers domaines. Et réduit la résilience de la population en période de pénurie et de coût. Alors que cette culture et le modèle inséparable de la sainte défense et de l'Achoura devraient toujours être appris et exemplaires par les fonctionnaires, les gestionnaires et les membres de la société, et ses expériences dans d'autres domaines devraient être utilisées et la culture de la résistance devrait être promue et manifestée et apporter des bénédictions à la société. , en particulier dans les moments difficiles, provoquant des crises et des lacunes.

S'appuyer sur la culture d'Achoura et la sainte défense et ne pas avoir peur de toutes sortes de menaces ennemies et ne pas accepter la sédition pour compromettre la nation iranienne sera la cause de la victoire de la révolution islamique. Par conséquent, dans une situation où les pays hégémoniques dirigés par la Les États-Unis et le régime sioniste criminel tentent de La destruction de l'islam pur et de la oumma du monde islamique est pure, la survie du système islamique et la santé de la culture générale du pays dépendent de la renaissance de la culture de la sainte défense et le mouvement Ashura. Il ne fait aucun doute que notre succès et notre victoire dans la guerre de huit ans ont été obtenus grâce à la culture actuelle d'Achoura, et sa survie dépend entièrement du respect de cette culture. Et il doit être transmis aux générations présentes et futures, afin que ses fruits spirituels puissent être révélés et devenir la source du changement dans la société. Attention à la déclaration du chef de la révolution islamique: «L'Achoura n'était pas un simple événement historique; "L'Achoura était une culture, un flux continu et un exemple constant pour la Oummah musulmane." (Déclarations du guide suprême de la révolution islamique à la réunion des clercs et des missionnaires à la veille de Muharram) que cette tendance continue devrait être un exemple pour notre société aujourd'hui. L'influence du "Mouvement du Saint Achoura de Hosseini" sur l'élixir du "Mouvement de la Sainte Défense de Khomeiny" s'est relancée et l'émergence d'éléments religieux pendant la sainte défense et a amené une nation à vaincre l'ennemi les mains vides avec les dents armées. Le mouvement Achoura de Hosseini bouillait jusqu'au Jour du Jugement. Il peut être une source de bénédictions pour la société dans d'autres domaines et face aux menaces actuelles et futures pesant sur l'ennemi, et il est nécessaire que les responsables aient recours à ces riches ressources en modifiant leur approche des pays et des institutions encerclés par le système international. C'est le bien du monde et de ses conséquences, de la société et de la révolution islamique qui s'y trouve. 1. Lorsque l'homme devient incapable de recevoir la raison et incapable de communiquer avec les matières rationnelles et transcendantes, il en devient une image tangible; Autrement dit, quand il est incapable de comprendre la vérité, il suffit de regarder son symbole avec sensualité, et il est surprenant qu'au bout d'un moment, il considère le symbole comme la vérité et part en guerre pour la vérité afin de la défendre. L'un des instincts humains les plus forts est l'instinct de substitution et de changement, qui a été et est commun à toutes les races, sauvages et civilisées, et à tous les peuples, hommes et femmes, jeunes et vieux. De deux manières, l'homme substitue quelque chose à quelque chose: la première est sur la voie du progrès et de l'évolution. S'il transformait la laine et les cheveux en vêtements et des grottes et des montagnes avec des bâtiments équipés et fournissait des armes et des outils de guerre au lieu de dents, de clous et de fourches. La seconde est quand il est incapable ou refusé l'accès à quelque chose et est remplacé par autre chose. Lorsque des pensées stagnantes qui ont été clouées au sol selon le Saint Coran elles s'écartent de la philosophie de la prière de l'ascension, elles l'utilisent comme exemple d'exercice du matin ou de physiothérapie demi-journée et soir. jeûner à un régime pour l'obésité et la suralimentation, et quand le jihad à la manière de Dieu et "Ahadi Al-Hussein" ne peut pas définir la victoire de la vérité ou du martyre, l'un est la violence et l'autre est la fierté nationale et troisième. genre particulier de suicide justifié, et s'il ose trop, pour les soldats anonymes qui sont des héros nationaux! Il se tait pendant une minute et considère la Révolution islamique, qui a gagné pour la réalisation de la règle de «Dieu» et la mise en œuvre de la révélation divine et la règle de l'infaillible et des justes, comme une démocratie avec un suffixe religieux et pour assurer le développement et le progrès dans son sens actuel. Il l'emprisonne le long de la frontière géographique de l'Iran, et considère finalement la guerre imposée comme un maximum de libération des terres - ne serait-ce que des terres - occupées par l'ennemi, par exemple pour la gloire de la patrie et avec la même attitude vis-à-vis de l'image artistique de la guerre - Paye et s'assoit avec la même vision pour analyser l'histoire et évaluer l'Imam et les martyrs. Et bien sûr, il n'est pas à blâmer, car dans chaque université, institut de recherche et collège qui a entendu le nom de la guerre, il a été de consolider le pouvoir et d'étendre la monarchie, de suivre l'avidité, la renommée, la colère et l'arrogance, et seulement pour satisfaire les désirs de l'âme. Toutes ces guerres et tous ces conflits qui ont lieu dans le monde ... tout cela vient de cette rébellion de l'âme. En effet, laquelle des Première, Seconde Guerres mondiales est une attaque? Le Koweït et l'invasion américaine du Vietnam, de l'Afghanistan, de l'Irak, etc. pour défendre les opprimés et affronter l'oppresseur et instaurer la justice?! Mu'awiyah a également essayé de dépeindre sa confrontation avec Amir al-Mu'minin Ali comme une lutte bilatérale pour le pouvoir ou un conflit ethnique et tribal de longue date - et peut-être parce que son fils Yazid ne comprenait pas plus - les historiens sont également venus en avant et a réclamé: Ali, mais le tueur du peuple, Ali Ta'atah La Ali Ta'atullah Ali, comme Mu'awiyah, a cherché à gagner le pouvoir, et donc ... tout le monde est pareil! Et Hazrat Amir al-Mu'minin 7 est surpris et dit: Ajba Lassad - Ibn Abi Waqas - et Ibn Umar Yazman, les compagnons du monde! Afkan Rasoolullah 9

Yahvé Ali Al-Dunya? Si le Messager de Dieu est un guerrier pour supprimer les métiers et le culte du Très Miséricordieux, alors il est un guerrier pour conjurer les égarements et interdire la prostitution et la corruption. Êtes-vous comme l'amour du monde?! Et Dieu est le représentant de la race humaine, afin que la victoire l'emporte. Bien sûr, il ne fait aucun doute que la forme des actes est toujours la même ... L'épée qu'Ibn Muljam tue et tue le meilleur du peuple de Dieu avec l'épée qui tue le meilleur du peuple de Dieu et exécute l'ennemi de Dieu dans le cas d'un C'est ... mais ce qui distingue ces deux actions l'une de l'autre et toutes les actions émises par l'homme à travers lui, c'est la fin des actions, les motifs des actions ... Si l'épée se lève pour Dieu et tombe amoureux de Dieu; Ce motif est un mobile divin, il est précieux; Si c'est pour le diable, c'est le diable, ça n'a pas de valeur.

Printed by Books on Demand GmbH, Norderstedt / Germany